Género Ficción realista

Pregunta esencial

¿Qué haces en tu escuela?

Me gusta la escuela

Ana Pérez Regal
ilustrado por Ana Ochoa

LECTURA COMPLEMENTARIA

Mira, mamá.

Es Memo.

Vamos a la escuela,
Memo.

¡Vamos, Mimoso!

Me gusta la escuela.

A Memo le gusta la escuela.

Me gusta la clase.

A Memo le gusta la clase.

¡Mira, Memo! ¿Quién es?

¡Es Mimoso! Me gusta.

¡Mira, Mimi! ¡Este soy yo!

¡Te veo mañana, Memo!

¡Te veo mañana, Mimi!

Respuesta a la lectura

Volver a contar

Vuelve a contar detalles de *Me gusta la escuela* con tus propias palabras.

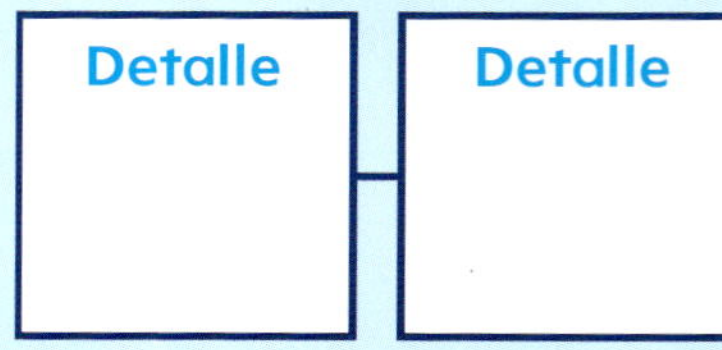

Evidencia en el texto

1. Mira la página 3. ¿Qué detalles indican que a Mimoso le gusta Memo? **Detalles clave**
2. Mira la página 8. ¿Qué hace Mimi? **Detalles clave**
3. ¿Por qué sabes que *Me gusta la escuela* es un cuento de ficción realista? **Género**

Género **No ficción**

Compara los textos
Lee para aprender a qué van los niños a la escuela.

A la escuela

A la escuela vamos a leer.

A la escuela vamos a dibujar.

A la escuela vamos a jugar.

Haz conexiones

¿En qué se parecen los niños de *Me gusta la escuela* a los niños de *A la escuela*? El texto y otros textos

Enfoque:

Estudios Sociales

Propósito Comprender cómo nos ayudan las reglas

Paso a paso

Paso 1 Trabaja con un compañero. Elijan un juego que les guste.

Paso 2 Haz una tabla como esta.

Regla	Cómo nos ayuda a jugar

Paso 3 Escribe una de las reglas del juego. ¿Cómo te ayuda esa regla a jugar?